Knoblauchduft –
Symbol südländischer Eßkultur –
schwebt seit geraumer Zeit auch
über heimischen Töpfen. Und die
Begeisterung wächst. Einig sind
sich dabei alle: Knoblauch ist
mehr als ein Gewürz. Für alle
Fans und solche, die es
werden wollen, bietet dieses
Buch eine Fülle neuer
Anregungen und phantasie-
voller Rezepte.

DR. OETKER
KÜCHENBIBLIOTHEK

KNOBLAUCH

MOEWIG

Die Rezepte sind - wenn nicht anders angegeben –
für 4 Personen berechnet.
Umschlagfoto: Kräuter-Knoblauch-Oliven
(Rezept S. 16)

Die Rezepte in diesem Buch sind mit aller Sorgfalt zusammengestellt und überprüft worden; dennoch kann eine Garantie nicht übernommen werden. Eine Haftung des Verlages und seiner Beauftragten für Personen-, Sach- und Vermögensschäden ist ausgeschlossen.

Verlagsunion Erich Pabel-Arthur Moewig KG, Rastatt

Umschlagentwurf und -gestaltung:
Werbeagentur Zeuner, Ettlingen
Umschlagfoto und Fotos im Innenteil:
Ceres/ Thomas Diercks, Hamburg
Printed in Germany 1996
Druck und Bindung:
Graphischer Großbetrieb Pößneck GmbH
ISBN 3-8118-4531-4

Inhalt

Kleine Leckerbissen für jede Gelegenheit: Snacks, Salate und Saucen

Marinierter Schafskäse
(Foto S. 8/9)

4 Knoblauchzehen	
2 kleine Zwiebeln	beide Zutaten abziehen, in Scheiben schneiden
2 frische rote Chilischoten	längs aufschneiden, entkernen, waschen
500 g Schafskäse	in Würfel schneiden
1 Zweig Thymian	
1 Zweig Rosmarin	die Kräuter abspülen, trockentupfen die sechs Zutaten mit
2 Lorbeerblättern	
1 Teel. schwarzen Pfefferkörnern	in ein Glas schichten
etwa 500 ml (1/2 l) Olivenöl	darübergießen den Käse mindestens 3 Tage durchziehen lassen.
Tip:	Auf frischen Weinblättern anrichten. Statt Schafskäse kann auch Harzer Roller, Ziegenkäse oder Camembert eingelegt werden. Die Marinade als Salatsauce oder zum Einlegen von Grillfleisch verwenden.

Avocado-Dressing

1 reife Avocado	schälen, halbieren, entsteinen, das Fruchtfleisch mit einer Gabel zerdrücken
Saft von 1 Zitrone	untermengen
4 Eßl. Crème fraîche	
1 Eßl. Meerrettich	
1 Messerspitze Cayennepfeffer	
1 abgezogene, zerdrückte Knoblauchzehe	unterrühren, mit
Salz	
Tabasco	abschmecken.
Tip:	Als Salatsauce für grünen Salat, Tomaten verwenden oder als Dip zu Gemüse reichen.

Zucchini-Creme

1 kg kleine Zucchini	waschen, die Enden abschneiden, die Zucchini in
wenig Wasser	geben, zum Kochen bringen, in etwa 10 Minuten gar dünsten, abtropfen lassen das Fruchtfleisch pürieren, in ein Küchentuch geben, auspressen
4 Knoblauchzehen	abziehen, zerdrücken, mit dem Zucchini-Mus,
Saft von 2 Zitronen	
4 Eßl. Olivenöl	verrühren, mit
1/2 Teel. Salz	
Pfeffer	würzen
1 Bund Petersilie	
1 Bund Basilikum	
	die Kräuter abspülen, trockentupfen, fein hakken, kurz vor dem Servieren unter die Zucchini-Creme rühren.
Tip:	Statt Zucchini Broccoli verwenden. Die Creme zu gegrilltem Fleisch mit Knoblauch-Croutons reichen.

Tomaten-Sauce

1 kg Tomaten	kurze Zeit in kochendes Wasser legen (nicht kochen lassen), in kaltem Wasser abschrecken, enthäuten, Stengelansätze herausschneiden, die Tomaten grob zerkleinern
3 Knoblauchzehen	abziehen, zerdrücken
4 Eßl. Speiseöl	in einer Pfanne erhitzen, die Tomatenstücke, zerdrückten Knoblauch hinzufügen, zu einer dicklichen Sauce einkochen lassen, mit
Salz	
frisch gemahlenem Pfeffer	
1 Prise Zucker	abschmecken.
Tip:	Zu Spaghetti reichen, mit Basilikumblättchen garnieren oder kleingehackte Basilikum-, Thymian-, Oreganoblättchen und 1–2 Lorbeerblätter hinzufügen, etwa 30 Minuten dünsten lassen, Lorbeerblätter entfernen.

Knoblauch-Erdnüsse

500 g Erdnüsse	
2 abgezogene, zerdrückte Knoblauchzehen	
1 Teel. Salz	in eine Schüssel geben, soviel
kochendes Wasser	darübergießen, daß die Erdnüsse gerade bedeckt sind, etwa 30 Minuten stehenlassen
	das Wasser abgießen, die Erdnüsse in der Schüssel mit Haushaltspapier trockenreiben
5–8 Eßl. Speiseöl	in einer Pfanne erhitzen, die Nüsse unter Wenden 5–6 Minuten darin rösten, abkühlen lassen, in Dosen oder Gläser füllen.

Fleischsalat *(Foto)*

500 g gekochtes Fleisch (Schwein, Rind oder Hühnchen)	in dünne Streifen schneiden
1 Zwiebel	abziehen, halbieren
einige Basilikumblättchen	abspülen, trockentupfen
	beide Zutaten in Streifen schneiden
4 Cornichons	in Scheiben schneiden
2 Knoblauchzehen	abziehen, fein würfeln
	für die Salatsauce
2 Eßl. Weißwein-Essig	mit
4 Eßl. Speiseöl	
1 Teel. mittelscharfem Senf	verrühren
1 Eßl. gehackte Petersilie	unterrühren, mit
Salz, Pfeffer	abschmecken, mit den Salatzutaten vermengen, etwa 1 Stunde durchziehen lassen, nach Belieben mit
Kapern	bestreuen.
Beigabe:	Kerniges helles Brot.

Barbecue-Sauce, gekocht

125 ml (1/8 l) Tomaten-Ketchup	mit
80–100 ml Worcestersauce	
4 Spritzern Tabasco	
4 cl Essig-Essenz	
Saft von 2 Zitronen	
4 Eßl. Honig	in einem Kochtopf verrühren
150 g Zwiebeln	
4–5 Knoblauchzehen	
	beide Zutaten abziehen, würfeln, mit
1 Lorbeerblatt	
2 Eßl. Senfkörnern	
1/2 Teel. Pfeffer	in die Ketchup-Flüssigkeit geben, zum Kochen bringen, im offenen Topf etwa 30 Minuten kochen lassen.
Tip:	Fleisch zum Grillen darin einlegen, die Sauce reicht für etwa 1 1/2 kg Hühnchenfleisch, Rippchen oder Nackenkoteletts. Barbecue-Sauce hält sich fest verschlossen im Kühlschrank mehrere Monate.

Korsischer Tomatensalat *(Foto)*

6 große Tomaten	waschen, die Stengelansätze herausschneiden, die Tomaten in Scheiben schneiden, auf einer Platte anrichten
2 Zwiebeln	abziehen, fein würfeln
4 Knoblauchzehen	abziehen, in dünne Scheiben schneiden beide Zutaten mit
1 Bund gehackter glatter Petersilie	
3 Eßl. Kapern	
10 schwarzen Oliven	
4 Eßl. kaltgepreßtem Olivenöl	über die Tomatenscheiben geben, mit
Salz, Pfeffer	würzen.
Beigabe:	Frischer (oder eingelegter) Ziegenkäse, Brot.

Knoblauchbutter

5 Knoblauchzehen	abziehen, fein würfeln
125 g Butter	zerlassen, die Knoblauchwürfel darin andünsten
4 Eßl. gehackte glatte Petersilie einige gehackte Basilikumblättchen	hinzufügen, mit
Salz Pfeffer	würzen, noch einige Minuten erhitzen.
Tip:	Mit Spaghetti oder anderen Nudeln vermengen, sofort servieren. Oder die Knoblauchbutter über frisch gebratene Steaks oder Schnitzel geben.

Geröstete Knoblauch-Sonnenblumenkerne

5 Knoblauchzehen	abziehen, zerdrücken
4 Eßl. Speiseöl	in einer Pfanne erhitzen, den Knoblauch hinzufügen, unter Wenden erhitzen
250 g geschälte Sonnenblumenkerne	hinzufügen, bei schwacher Hitze langsam unter Rühren braun rösten, auf Haushaltspapier geben, abkühlen lassen, Knoblauch entfernen.
Tip:	Die Kerne zu Wein reichen.

Kräuter-Knoblauch-Oliven

(Foto)

500 g schwarze oder rote Oliven	rundherum einige Male mit einer Gabel einstechen
1–2 frische, milde Chilischoten	entkernen, waschen
1 kleiner Zweig Thymian 1 Zweig Rosmarin	
	die Kräuter abspülen, trockentupfen

3–4 Knoblauch-zehen	abziehen, hacken
2 Lorbeerblätter	
	die Zutaten in ein Glas schichten
10 Eßl. kaltgepreßtes Olivenöl	darübergeben, das Glas gut verschließen vor dem Verzehr mindestens 3 Tage durchziehen lassen.
Tip:	Kräuter-Knoblauch-Oliven sind einige Zeit haltbar.

Chili-Knoblauchsauce

2 frische rote Chilischoten	waschen, abtrocknen, entstielen, längs halbieren, entkernen
3 Knoblauchzehen	abziehen beide Zutaten in kleine Würfel schneiden, mit
1/2 Teel. grobem Salz	in einem Mörser zu einem Brei zerstoßen (oder im Mixer pürieren)
1 Eigelb	mit
1 Eßl. Semmelmehl	
4 Eßl. Speiseöl	in den Mörser geben, unterarbeiten, unter Rühren soviel
Fleischbrühe	hinzugießen, bis die Sauce cremig geworden ist.
Tip:	Diese scharfe Sauce zu Fisch oder zu Gemüsesuppen reichen.

Zucchini-Sauce

(Foto)

1 Zwiebel	
2 Knoblauchzehen	beide Zutaten abziehen, kleinhacken
500 g kleine Zucchini	waschen, abtrocknen, in Stifte schneiden
4 Eßl. Speiseöl	erhitzen, die drei Zutaten darin etwa 3 Minuten dünsten lassen
1 Packung 8-Kräutermischung (tiefgekühlt)	hinzufügen, etwa 1 Minute mitdünsten lassen
125 ml (1/8 l) Schlagsahne	unterrühren, mit
Salz	
Pfeffer	würzen
1 enthäutete Fleischtomate	in Würfel schneiden (Stengelansatz herausschneiden), hinzufügen, kurz miterhitzen.
Tip:	Schmeckt besonders gut zu Nudeln.

Knoblauchmus

100 g Knoblauchzehen	abziehen, in
kochendes Salzwasser	geben, etwa 5 Minuten blanchieren, abgießen, die Knoblauchzehen abtropfen lassen frisches Salzwasser zum Kochen bringen, die Knoblauchzehen hineingeben, nochmals 5 Minuten kochen lassen, abgießen, abtropfen lassen, durch ein Sieb streichen das Mus mit
2 Eßl. Crème fraîche *1 Eßl. Butter* *2 Eßl. gehackter Petersilie*	verrühren, mit
Salz, Pfeffer	abschmecken.
Tip:	Knoblauchmus paßt ausgezeichnet zu gegrilltem Fleisch, Fisch und eignet sich außerdem gut als Brotaufstrich.

Knoblauchsuppe

6 Knoblauchzehen	abziehen, durch die Knoblauchpresse drücken
4 Eßl. Speiseöl	erhitzen, den Knoblauch,
1 kleines Lorbeerblatt *Pfeffer*	hinzufügen, kurz bei mittlerer Hitze andünsten
1 Bund Petersilie	vorsichtig abspülen, trockentupfen, fein hacken, hinzugeben
1 l heiße Instant-Rindfleischbrühe	hinzugießen, die Suppe zugedeckt etwa 10 Minuten schwach kochen lassen, mit
Salz	abschmecken, in 4 Suppentassen je 1 von
4 Scheiben Weißbrot	legen
4 kleine Eier	aufschlagen, je 1 in jede Suppentasse gleiten lassen, die Suppe kochendheiß in die Tassen einfüllen.

Kalte Tomatensuppe mit Avocadocreme *(Foto)*

1 kg Suppentomaten	waschen, kleinschneiden, durch ein Sieb streichen
1 kleine Zwiebel	abziehen, reiben beide Zutaten mit
6 Eßl. Olivenöl	
3 Eßl. Weinessig	verrühren, mit
Salz, Pfeffer	abschmecken, kühl stellen für die Avocadocreme
1 große Avocado	schälen, entsteinen, grob zerkleinern
1 Knoblauchzehe	abziehen, zerdrücken beide Zutaten mit
125 ml (1/8 l) Milch	
Saft von 1/2 Zitrone	
1 Prise Zucker, Salz	im Mixer pürieren die Tomatensuppe in Suppenteller füllen, die Avocadocreme darauf geben, mit
Minzeblättchen	garnieren.

Beef-Sandwich *(Etwa 2 Portionen)*

1 grüne Paprika-schote	halbieren, entstielen, entkernen, die weißen Scheidewände entfernen, die Schote waschen, in Streifen schneiden
1 Zwiebel	abziehen, in Scheiben schneiden
1 Knoblauchzehe	abziehen, fein würfeln
2 Eßl. Speiseöl	erhitzen, die drei Zutaten hinzufügen, etwa 2 Minuten dünsten lassen, mit
Salz	
Pfeffer	würzen, etwas abkühlen lassen
2 große Scheiben Vollkornbrot	mit
Butter	bestreichen
150 g Roastbeef (als Aufschnitt)	darauf verteilen, das Gemüse darauf geben, mit
Kresseblättchen	bestreuen.

Pesto *(Foto)*

2 Handvoll frische Basilikumblätter	mit
je 50 g geriebenem Pecorino- und Parmesan-Käse oder 100 g frisch geriebenem Parmesan-Käse	
15 Eßl. Olivenöl	
125 g zerlassener Butter	
6 abgezogenen Knoblauchzehen	im Mixer pürieren.
Tip:	Portionsweise einfrieren, vor dem Verwenden erwärmen und gut verrühren. Hält sich tiefgekühlt mindestens 6 Monate. Zu Suppen, Eintöpfen, gekochtem Rindfleisch und Nudeln reichen. In Italien wird Pesto als Appetitmacher zu ofenfrischem Weißbrot gereicht.

Lecker und leicht: Fische, Schalen- und Krustentiere

Gambas in Knoblauchöl

(2 Portionen – Foto S. 24/25)

8 rohe Gambas (Hummerkrabben, mit Schale)	
	die Schale am Rücken der Gambas längs aufschneiden, den Darm herauslösen, die Gambas unter fließendem kalten Wasser abspülen, trokkentupfen
4 Knoblauchzehen	abziehen, würfeln
1 frische rote Chilischote	entstielen, längs halbieren, entkernen, waschen, abtrocknen, kleinschneiden
6 Eßl. Olivenöl	in zwei feuerfesten Portionspfannen erhitzen, Knoblauch und Chilischote hineingeben, erhitzen, die Gambas hinzufügen, zum Kochen bringen, etwa 5 Minuten unter Wenden aufkochen, bis sich der austretende Saft mit dem Olivenöl verbindet
Petersilienblätter	abspülen, trockentupfen, grob hacken, kurz vor dem Servieren darüber streuen.

Gebackener Thunfisch

750 g Thunfisch	unter fließendem kalten Wasser abspülen, trockentupfen, in Scheiben schneiden, mit dem
Saft von 1/2 Zitrone (unbehandelt)	beträufeln, in eine gefettete feuerfeste Form legen, mit
Salz, Pfeffer	würzen, mit
1 Eßl. Semmelmehl	bestreuen
2 Tomaten	waschen, in Würfel schneiden
2 Knoblauchzehen	abziehen, fein würfeln, mit den Tomaten auf dem Fisch verteilen
2 Eßl. Kapern	darüber geben, mit
2 Eßl. Speiseöl	beträufeln, die Form auf dem Rost in den Backofen schieben
Strom:	Etwa 200, *Gas:* Etwa 3
Backzeit:	Etwa 30 Minuten.

Überbackene Jacobsmuscheln

1 Packung tiefgekühlte Jacobsmuscheln	über Nacht im Kühlschrank auftauen lassen, in Scheiben schneiden, auf 4 Gratinförmchen oder Muschelschalen verteilen
1 Fleischtomate	kurze Zeit in kochendes Wasser legen (nicht kochen lassen), in kaltem Wasser abschrecken, enthäuten, halbieren, entkernen, die Stengelansätze herausschneiden
100 g Champignons	putzen, waschen, kleinschneiden
1–2 kleine Schalotten	
2–3 Knoblauchzehen	
	die Zutaten abziehen, fein würfeln, mit der Tomate und den Champignons im Mixer pürieren, mit
Salz	
frisch gemahlenem Pfeffer	abschmecken, das Püree auf die Muscheln verteilen
1 Eßl. Butter	in Flöckchen daraufsetzen
1 Eßl. frisch geriebenen Parmesan-Käse	darüberstreuen
	die Gratinformen (oder Muschelschalen) auf dem Rost in den vorgeheizten Backofen schieben
Strom:	Etwa 250
Gas:	4–5
Backzeit:	Etwa 10 Minuten.
Beigabe:	Baguette.
Tip:	Eine zerdrückte Knoblauchzehe unter die Butter kneten. Statt Jacobsmuscheln können auch Miesmuscheln aus der Dose verwendet werden. Dazu das Muschelfleisch auf ein Sieb geben und gut abtropfen lassen. Die Muscheln dann, wie im Rezept beschrieben, weiter verarbeiten.

Gebackene Sardinen *(Foto)*

Etwa $1^1/_4$ kg küchenfertige Sardinen	unter fließendem kalten Wasser abspülen, trockentupfen, nebeneinander in eine gefettete flache Gratinform legen
1 Zitrone (unbehandelt)	
1 Tomate	beide Zutaten waschen, in Scheiben schneiden, zwischen die Fische legen
Saft von 1 Zitrone	mit
5 Eßl. Olivenöl	vermengen, darüber gießen
4 Knoblauchzehen	abziehen, fein hacken
1 Bund glatte Petersilie	abspülen, trockentupfen, fein hacken Knoblauch, Petersilie,
Salz, Pfeffer	
Majoranblättchen	über die Fische streuen die Form auf dem Rost in den vorgeheizten Backofen schieben
Strom:	Etwa 200, *Gas:* Etwa 3
Backzeit:	Etwa 20 Minuten.

Geschmorter Dorsch

4 Kotelettstücke vom Dorsch	unter fließendem kalten Wasser abspülen, trockentupfen
3 Knoblauchzehen	abziehen
1 Bund Petersilie	vorsichtig abspülen, trockentupfen beide Zutaten fein hacken, mit
$^1/_2$ Teel. Salz	
Pfeffer	vermengen
1 Eßl. Butter	zerlassen, die Fischkoteletts hineingeben, die Petersilien-Knoblauchmasse darüber verteilen, mit dem
Saft von $^1/_2$ Zitrone (unbehandelt)	beträufeln den Fisch zugedeckt bei schwacher Hitze etwa 25 Minuten schmoren lassen.

Fischfilet mit Knoblauchcreme

1 Zwiebel	abziehen, in Ringe schneiden
1 Möhre	putzen, schrappen, waschen
1 Zitrone	waschen, die beiden Zutaten in Scheiben schneiden, mit den Zwiebelringen,
1 Lorbeerblatt	
500 ml (1/2 l) Salzwasser	zum Kochen bringen, etwa 5 Minuten schwach kochen lassen, durch ein Sieb geben
4 Seelachsfilets	unter fließendem kalten Wasser abspülen, in den Sud geben, etwa 10 Minuten pochieren, herausnehmen, abtropfen lassen
	für die Knoblauchcreme
1 Eigelb	mit
1 Teel. Senf	
1 Eßl. Zitronensaft	verschlagen
4 Knoblauchzehen	abziehen, fein würfeln, hinzugeben
4 Eßl. Olivenöl	
250 g Speisequark	unterrühren, die Knoblauchcreme mit
Salz, Pfeffer	abschmecken.

Gefüllte Makrele *(Foto)*

4 kleine Makrelen	ausnehmen, unter fließendem kalten Wasser abspülen, trockentupfen, außen mit
Salz, Pfeffer	bestreuen
3 Bund Petersilie	abspülen, trockentupfen, fein hacken
2 Knoblauchzehen	abziehen, fein hacken, mit der Petersilie,
abgeriebener Schale von 1 Zitrone (unbehandelt)	
2 Eßl. weicher Butter	gut vermengen, in die Makrelen füllen, die Fische in eine gefettete flache Gratinform legen
8 Salbeiblätter	abspülen, auf die Fische legen
125 ml (1/8 l) Weißwein	hinzugießen, die Form auf dem Rost in den vorgeheizten Backofen schieben
Strom:	Etwa 200, *Gas:* Etwa 3
Backzeit:	Etwa 30 Minuten.

Gebackene Meerbrassen

4 küchenfertige Meerbrassen	unter fließendem kalten Wasser abspülen, trokkentupfen, mit
Salz, Pfeffer	bestreuen, mit
3 Eßl. Speiseöl	einreiben
500 g Tomaten	kurze Zeit in kochendes Wasser geben (nicht kochen lassen), in kaltem Wasser abschrecken, enthäuten, die Stengelansätze herausschneiden, die Tomaten kleinschneiden
2 Knoblauchzehen	abziehen, fein würfeln
1 Bund glatte Petersilie	abspülen, trockentupfen, fein hacken
	die Hälfte der Tomaten, des Knoblauchs und der Petersilie mit
2 Lorbeerblättern	in eine gefettete feuerfeste Form geben, die Fische nebeneinander daraufgeben, die restlichen Zutaten darüber verteilen
50 g Butter	in Flöckchen darauf setzen
etwa 75 ml Weißwein	hinzugießen, die Form mit gefettetem Pergamentpapier abdecken, auf dem Rost in den vorgeheizten Backofen schieben
Strom:	Etwa 200
Gas:	Etwa 3
Backzeit:	Etwa 20 Minuten
	etwa 5 Minuten vor Beendigung der Garzeit das Pergamentpapier abnehmen.

Fischtopf *(Foto)*

250 g Kabeljaufilet	
250 g Rotbarschfilet	
500 g küchenfertiger Seeaal	
	den Fisch unter fließendem kalten Wasser abspülen, trockentupfen, mit
6 Eßl. Essig	beträufeln
4 große Tomaten	kurze Zeit in kochendes Wasser legen (nicht kochen lassen), mit kaltem Wasser abschrecken, enthäuten, die Stengelansätze herausschneiden,

	die Tomaten in Stücke schneiden
2 Gemüsezwiebeln	
2 Knoblauchzehen	
	beide Zutaten abziehen, fein würfeln
1 Fenchelknolle	putzen, waschen, achteln
5 Eßl. Olivenöl	in einem breiten Topf erhitzen
	Zwiebeln, Knoblauch, Tomaten, Fenchel hinzufügen, etwa 15 Minuten darin dünsten lassen
1 Lorbeerblatt	
1 Zweig Thymian	hinzufügen
	den Fisch in Stücke schneiden, auf das Gemüse geben, mit
Salz, Pfeffer	würzen, zugedeckt etwa 20 Minuten dünsten lassen
1 Bund Petersilie	abspülen, trockentupfen, fein hacken, über den Fischtopf streuen.
Beigabe:	Weißbrot.

Gebackene Dourade

(Foto)

1 küchenfertige Dourade (etwa 1 1/2 kg)	unter fließendem kalten Wasser abspülen, trokkentupfen, mit
Zitronensaft	beträufeln, etwa 15 Minuten stehenlassen, mit
Salz *frisch gemahlenem Pfeffer*	bestreuen
250 g Zwiebeln *3 Knoblauchzehen*	beide Zutaten abziehen, in Scheiben schneiden
1 kg Kartoffeln	schälen, waschen, in Scheiben schneiden, mit den Zwiebeln, dem Knoblauch,
4 Eßl. kaltgepreßtem Olivenöl	vermengen, in eine feuerfeste Steingutform füllen
Salz, Pfeffer *gerebelten Thymian*	darüberstreuen
Saft von 1 Zitrone *250 ml (1/4 l) Wasser*	hinzugießen, mit Pergamentpapier abdecken, die Form auf dem Rost in den vorgeheizten Backofen schieben nach etwa 40 Minuten Garzeit den Fisch auf die Kartoffeln legen
4 enthäutete Tomaten	in Scheiben schneiden (Stengelansätze herausschneiden), um den Fisch legen
1 Bund feingehackte Petersilie	mit
2 abgezogenen, feingehackten Knoblauchzehen *2 Eßl. Semmelmehl*	vermengen, auf die Tomatenscheiben und den Fisch streichen, den Fisch mit
Olivenöl	bestreichen, noch etwa 30 Minuten garen lassen
Strom:	Etwa 200
Gas:	Etwa 3
Garzeit:	Etwa 70 Minuten.
Tip:	Dazu einen fruchtig-frischen Weißwein reichen.

Petersilien-Fisch

4 Rotbarschfilets (je etwa 200 g)	unter fließendem kalten Wasser abspülen, trockentupfen, mit dem
Saft von 1 Zitrone	beträufeln
3 Bund Petersilie	abspülen, trockentupfen, fein hacken
3 Knoblauchzehen	abziehen, zerdrücken beide Zutaten mit
abgeriebener Schale von 1 Zitrone (unbehandelt)	
1 Teel. Kräutersalz	
1 Teel. Zitronenpfeffer	vermengen die Fischfilets nebeneinander in eine gefettete feuerfeste Form legen, mit der Petersilienmischung bestreichen
4 Eßl. Butter	zerlassen, darüber träufeln, die Form auf dem Rost in den vorgeheizten Backofen schieben
Strom:	Etwa 200, *Gas:* Etwa 3
Backzeit:	20 Minuten.
Beigabe:	Butter-Kartoffeln, Grüner Salat.

Tintenfisch-Salat

(Foto)

500 g Tintenfisch (tiefgekühlt)	auftauen lassen, in
Salzwasser	zum Kochen bringen, etwa 15 Minuten kochen lassen, abgießen, etwas abkühlen lassen, in Ringe schneiden
	für die Marinade
1 Knoblauchzehe	abziehen, zerdrücken, mit
Saft von 1 Zitrone	
1 Teel. Senf	verrühren, mit
Salz	
Pfeffer	würzen
5 Eßl. kaltgepreßtes Olivenöl	darunterschlagen

den noch warmen Tintenfisch in die Marinade geben, durchziehen lassen

2 enthäutete Fleischtomaten vierteln (die Stengelansätze herausschneiden)
1 rote Zwiebel abziehen, in Scheiben schneiden
beide Zutaten unter den Tintenfisch heben
den Salat auf Portionstellern anrichten, mit

100 g schwarzen oder grünen Oliven
glatter Petersilie garnieren.

Muscheln in Würzsud

3 kg Muscheln	in reichlich kaltes Wasser geben, einige Stunden darin liegen lassen, das Wasser ab und zu erneuern, die Muscheln anschließend gründlich bürsten, Bartbüschel entfernen, so lange abspülen, bis das Wasser vollkommen klar bleibt Muscheln, die sich beim Wässern und anschliessendem Bürsten öffnen, sind ungenießbar, nur geschlossene Muscheln verwenden
250 g Zwiebeln	abziehen, in Scheiben schneiden
3 Knoblauchzehen	abziehen, würfeln
2 große enthäutete Fleischtomaten	grob zerkleinern (die Stengelansätze herausschneiden)
2 Bund Petersilie	abspülen, trockentupfen, fein hacken
40 g Butter	in einem großen, breiten Kochtopf zerlassen, Zwiebelscheiben, Knoblauchwürfel darin andünsten, Tomatenstücke, gehackte Petersilie,
1/2 Teel. Cayennepfeffer	unterrühren
250 ml (1/4 l) Weißwein	
Saft von 1 Zitrone	hinzugießen, erhitzen, die Muscheln hinzufügen, zugedeckt bei starker Hitze zum Kochen bringen, 10–12 Minuten kochen lassen, dabei den Topf kräftig rütteln, damit die Muscheln gleichmäßig garen die Muscheln in vorgewärmten Portionsschälchen anrichten, den Würzsud getrennt dazureichen.

Überbackene Miesmuscheln *(Foto)*

Etwa 1 1/2 kg Miesmuscheln	in reichlich kaltes Wasser geben, einige Stunden darin liegen lassen, das Wasser ab und zu erneuern, die Muscheln anschließend gründlich bürsten, Bartbüschel entfernen, so lange abspülen, bis das Wasser vollkommen klar bleibt Muscheln, die sich beim Wässern und anschliessendem Bürsten öffnen, sind ungenießbar, nur ge-

	schlossene Muscheln verwenden, die Muscheln in
kochendes Wasser	geben, zum Kochen bringen, etwa 8 Minuten
	kochen lassen, bis sich die Schalen öffnen
	je eine Schalenhälfte entfernen
	die Schalen mit dem Muschelfleisch nebeneinander auf ein gefettetes Backblech setzen
	für die Füllung
3 Knoblauchzehen	
2 kleine Schalotten	
	beide Zutaten abziehen, in Stücke schneiden
1 Bund Petersilie	abspülen, trockentupfen, grob zerkleinern
	die drei Zutaten pürieren, mit
3 Eßl. Semmelmehl	
Salz	
Pfeffer	vermengen, auf die Muschelhälften verteilen
100 g Butter	zerlassen, mit dem
Saft von 1 Zitrone	verrühren, über die Muscheln träufeln
	das Backblech in den Backofen schieben
Strom:	Etwa 200, *Gas:* Etwa 3
Backzeit:	Etwa 8 Minuten.

Bouillabaisse Normandie

1 kg Miesmuscheln	in reichlich kaltes Wasser geben, einige Stunden darin liegen lassen, das Wasser ab und zu erneuern, die Muscheln anschließend gründlich bürsten, Bartbüschel entfernen, so lange abspülen, bis das Wasser vollkommen klar bleibt Muscheln, die sich beim Wässern und anschliessendem Bürsten öffnen, sind ungenießbar, nur geschlossene Muscheln verwenden, die Muscheln tropfnaß mit
250 ml (1/4 l) trockenem Cidre	in einen Kochtopf geben, zum Kochen bringen, im geschlossenen Topf etwa 10 Minuten kochen, bis sich die Schalen öffnen ein Sieb mit einem Küchentuch auslegen, den Muschelsud durchgießen, auffangen das Muschelfleisch aus den Schalen lösen
2 Knoblauchzehen	abziehen, zerdrücken
1 große Zwiebel	abziehen, in Scheiben schneiden
2 Möhren	putzen, schrappen, waschen, in Scheiben schneiden
5 Kartoffeln	schälen, waschen, vierteln
2 Stangen Porree	putzen, waschen, fein schneiden
50 g Butter	in einem großen, breiten Kochtopf zerlassen, Knoblauch, Zwiebeln darin andünsten, Möhren, Kartoffeln, Porree hinzufügen, etwa 5 Minuten mitdünsten lassen, ab und zu umrühren
1 1/2 l heiße Instant-Geflügelbrühe *500 ml (1/2 l) Gemüsesaft*	hinzugießen, mit
Pfeffer, Muskatnuß	würzen, zum Kochen bringen, bei schwacher Hitze etwa 15 Minuten kochen lassen
300 g Rotbarschfilet *300 g Schollenfilet* *300 g Steinbeißer*	den Fisch unter fließendem kalten Wasser abspülen, trockentupfen, in mundgerechte Stücke schneiden, in die Suppe geben, in etwa 15 Minuten gar ziehen lassen das Muschelfleisch hinzufügen, miterhitzen.

Shrimps in Sahne

(Etwa 2 Portionen – Foto)

1 Knoblauchzehe	abziehen, fein hacken
1 Teel. Butter	in einer Pfanne zerlassen, die Knoblauchzehe darin andünsten
1 Teel. Tomatenmark	
4 Eßl. Crème fraîche	
2 cl Brandy oder Weinbrand	unterrühren, aufkochen lassen
250 g Shrimps (ohne Schale)	unter fließendem kalten Wasser abspülen, trokkentupfen, in die Sahne geben, etwa 2 Minuten darin dünsten lassen, mit
Salz, Pfeffer	
Zitronensaft	abschmecken, mit
Lachskaviar	garnieren.
Tip:	Frühlingszwiebelringe in der Butter mitdünsten lassen.

Tintenfisch in würziger Tomatensauce

1 kg kleine tiefgekühlte Tintenfische	in ein Sieb geben, mit heißem Wasser abspülen
500 g enthäutete Tomaten	kleinschneiden (Stengelansätze entfernen)
2 Zwiebeln	
2 Knoblauchzehen	beide Zutaten abziehen, würfeln
5 Eßl. Olivenöl	in einer breiten Pfanne erhitzen, Zwiebeln und Knoblauch darin andünsten, die Tomaten hinzufügen
125 ml (1/8 l) trockenen Weißwein	hinzugießen, die Flüssigkeit auf die Hälfte einkochen lassen, die Tintenfische hinzufügen, etwa 10 Minuten darin schmoren lassen, mit
Salz, Pfeffer	würzen
1 Bund glatte Petersilie	abspülen, grob hacken, kurz vor dem Servieren darüber streuen.

Lachs mit Tataren-Sauce

4 Scheiben Lachs	unter fließendem kalten Wasser abspülen, trockentupfen, mit
Zitronensaft	beträufeln, 15–20 Minuten stehenlassen, trockentupfen
	für die Tataren-Sauce
1 Becher (150 g) Crème fraîche	fast steif schlagen
2 Eßl. Mayonnaise	unterrühren
2 hartgekochte Eier	pellen, hacken, mit
4 Eßl. gemischten, gehackten Kräutern	unterrühren
3 Knoblauchzehen	abziehen, durchpressen, hinzufügen, mit
Salz, Pfeffer	abschmecken
	eine gefettete Grillpfanne erhitzen, die Lachsscheiben darin von beiden Seiten grillen, auf vorgewärmten Tellern anrichten
	die Tataren-Sauce dazureichen.

Scampi in Sherry-Sahne
(Foto)

2 Eßl. Butter	in einer Flambierpfanne auf dem Rechaud zerlassen
3 Knoblauchzehen	abziehen, durchpressen, in der Butter andünsten
300 g rohe Scampi (ohne Schale)	unter fließendem kalten Wasser abspülen, trockentupfen, in die Butter geben, mit
Salz, Pfeffer Zitronensaft	würzen, 5–6 Minuten unter Wenden braten lassen, mit
4 Eßl. Weinbrand	flambieren
1 Becher (150 g) Crème fraîche 2–3 Eßl. Sherry medium	unterrühren, 2–3 Minuten durchschmoren lassen, mit Salz, Pfeffer,
Sherry medium	abschmecken, sofort servieren.

Knuspriges aus Topf und Ofen: Fleisch und Geflügel

Knoblauch-Koteletts *(Foto S. 44/45)*

4 Schweinekoteletts	unter fließendem kalten Wasser abspülen, trockentupfen, die Koteletts mit einem spitzen Messer schräg einstechen
4 Knoblauchzehen	abziehen, in Stifte schneiden, in die Koteletts stecken
3 Eßl. Speiseöl	erhitzen, die Koteletts von beiden Seiten darin anbraten
Salbeiblättchen	hinzufügen, kurz mitbraten lassen, die Koteletts herausnehmen, mit
Salz, Pfeffer	bestreuen, warmstellen
10 Perlzwiebeln	abziehen, in dem Bratfett andünsten, mit
125 ml (1/8 l) Weißwein	ablöschen, den Wein einkochen lassen
125 ml (1/8 l) Schlagsahne	hinzugießen, die Koteletts hineingeben
Thymianblättchen	darüber streuen, die Koteletts zugedeckt in etwa 20 Minuten gar schmoren lassen.
Tip:	Knoblauch-Koteletts panieren und die Sauce mit rosa Pfeffer würzen.

Schweinebraten mit Senfkruste

2 kg Schweinenacken	unter fließendem kalten Wasser abspülen, trokkentupfen, auf der Oberseite im Abstand von 3 cm etwa 1 1/2 cm tief einschneiden
4 Knoblauchzehen	abziehen, zerdrücken, mit
2 Eßl. Dijon-Senf	
2 Eßl. Senfkörnern	
2 Eßl. Kräutern der Provence	
4 Eßl. Speiseöl	verrühren, die Masse auf den Braten und in die Einschnitte streichen das Fleisch in eine mit kaltem Wasser ausgespülte Kasserolle legen
500 g Zwiebeln	abziehen, um das Fleisch legen die Kasserolle auf dem Rost in den vorgeheizten Backofen schieben
Strom:	Etwa 200, *Gas:* Etwa 3
Bratzeit:	Etwa 1 1/2 Stunden.

Geschmortes Kaninchen

250 g Backpflaumen (ohne Stein)	in
etwa 8 cl Armagnac	einlegen, etwa 48 Stunden einweichen
1 Kaninchen (etwa 2 kg)	enthäuten, in Portionsstücke zerteilen, unter fließendem kalten Wasser abspülen, trockentupfen das Fleisch mit
Salz	
frisch gemahlenem Pfeffer	einreiben
100 g geräucherten mageren Speck	in Würfel schneiden, in einem großen Schmortopf glasig braten lassen
2 Eßl. Butter	hinzufügen, zerlassen, die Kaninchenstücke portionsweise darin von allen Seiten anbraten
3 mittelgroße Zwiebeln	abziehen, würfeln, in das Bratfett geben, glasig braten lassen
150 g Schweinemett	hinzufügen, mitbraten lassen, dabei die Fleischklümpchen mit einer Gabel zerdrücken
250 g rosa Champignons	putzen, waschen, grob zerkleinern
2 Knoblauchzehen	abziehen, zerdrücken
150 g gekochten Schinken	in Würfel schneiden Kaninchenfleisch, Champignonstücke, zerdrückten Knoblauch, Schinkenwürfel und Backpflaumen in den Schmortopf schichten den Armagnac,
4 Spritzer Worcestersauce	hinzufügen den Schmortopf gut verschließen den Topf auf dem Rost in den vorgeheizten Backofen schieben
Strom:	Etwa 175
Gas:	Etwa 2
Bratzeit:	Etwa 2 Stunden.
Beigabe:	Frisch gebackenes Knoblauch-Baguette und grüner Salat mit Sahnesauce.

Filetspieße *(Foto S. 53)*

400 g Schweinefilet	evtl. noch von Haut und Fett befreien, unter fließendem kalten Wasser abspülen, trockentupfen, in etwa 2 cm dicke Scheiben schneiden
1 Ingwerwurzel	schälen, in kleine Scheiben schneiden beide Zutaten abwechselnd auf Spieße stecken
2 Knoblauchzehen	abziehen, zerdrücken, mit
4 Eßl. Speiseöl *1 Teel. Currypulver* *1 Spritzer Tabasco* *1 Eßl. Zitronensaft*	verrühren, das Fleisch damit bestreichen den Grillrost mit Alufolie auslegen, die Filetspieße daraufgeben, unter den Grill schieben, unter Wenden gar grillen.

Lammkeule in Pergamentpapier
(Etwa 6 Portionen – Foto)

1 Lammkeule (2 kg)	unter fließendem kalten Wasser abspülen, trockentupfen, das Fleisch schräg einstechen
3 Knoblauchzehen	abziehen, in Stifte schneiden, in das Fleisch stecken, mit
1 Eßl. Kräutern der Provence	bestreuen die Lammkeule auf Pergamentpapier legen
200 g Schafskäse	in Scheiben schneiden, auf dem Fleisch verteilen das Pergamentpapier mehrmals um das Fleisch wickeln, mit Küchengarn verschnüren die Lammkeule auf dem Rost in die Fettfangschale legen, in den Backofen schieben
Strom:	Etwa 200, *Gas:* 2–3
Bratzeit:	Etwa $2^1/_2$ Stunden die gare Keule vor dem Anschneiden etwa 10 Minuten „ruhen“ lassen.
Tip:	In Pergamentpapier gewickelt bleibt das Fleisch sehr saftig. Schafskäse gibt dem Lammfleisch zusätzliche Würze.

Lamm-Gemüse-Eintopf

(Foto)

1 kg Lammfleisch (aus der Keule, ohne Knochen)	unter fließendem kalten Wasser abspülen, trokkentupfen, in Würfel schneiden
750 g Kartoffeln	schälen, waschen, in Scheiben schneiden
je 1 rote, grüne, gelbe oder 2 rote, 1 grüne Paprikaschote	halbieren, entstielen, entkernen, die weißen Scheidewände entfernen, die Schoten waschen, grob zerkleinern
500 g kleine Zucchini	waschen, die Enden abschneiden
500 g enthäutete Tomaten	
	beide Zutaten in Scheiben schneiden (Stengelansätze der Tomaten herausschneiden)
3 mittelgroße Zwiebeln	
4–5 Knoblauchzehen	
	beide Zutaten abziehen, würfeln
4 Eßl. Speiseöl	in einem Schmortopf erhitzen, das Fleisch mit
2 Lorbeerblättern	
1 Eßl. gehackten Rosmarinnadeln	hinzufügen, mit
Salz, frisch gemahlenem Pfeffer	bestreuen
	die übrigen Zutaten auf das Fleisch schichten, jede Schicht mit Salz, Pfeffer bestreuen
125 ml (1/8 l) Instant-Fleischbrühe	
125 ml (1/8 l) trockenen Weißwein	hinzugießen
	den Schmortopf zugedeckt auf dem Rost in den vorgeheizten Backofen schieben
Strom:	Etwa 175
Gas:	Etwa 2
Garzeit:	Etwa 2 Stunden.

Hackfleisch-Spieße *(im Foto oben)*

300 g mageres Hackfleisch (Lamm oder Rind)	mit
300 g Schweinemett	verkneten
1 Zwiebel	abziehen, fein würfeln
2 Knoblauchzehen	abziehen, zerdrücken
1 Bund glatte Petersilie	abspülen, trockentupfen, fein hacken
	die drei Zutaten mit dem Hackfleisch,
1 Teel. Senf	
1 Teel. Salz	
1 Teel. frisch gemahlenem Pfeffer	verkneten
	aus der Hackfleisch-Masse mit nassen Händen 2–3 cm dicke Röllchen formen, Metall-Grillspieße durch die Röllchen stecken
	die Hackfleisch-Spieße auf den Holzkohlengrill oder auf Alufolie unter den Elektrogrill legen, in etwa 10 Minuten von allen Seiten knusprig braun grillen
	für die Joghurt-Soße
2 Knoblauchzehen	abziehen, zerdrücken, mit
500 g Bulgaren-Joghurt	
4 Eßl. zerlassener Butter	
2 Eßl. feingehacktem Dill	verrühren, zu den Spießen servieren.
Beigabe:	Fladenbrot, Salat.

Lammkoteletts mit Minzebutter *(im Foto unten)*

	Für die Minzebutter
10 Minzeblättchen	abspülen, trockentupfen, fein hacken, mit
80 g weicher Butter	
1 Eßl. Zitronensaft	
1/2 Teel. Salz	verkneten
	die Minzebutter kalt stellen

	für die Marinade
2–3 Knoblauchzehen	abziehen, zerdrücken, mit
2 Eßl. kaltgepreßtem Olivenöl *2–3 Eßl. Zitronensaft*	verrühren
4 doppelte Lammkoteletts (etwa 4 cm dick)	mit
Salz *frisch gemahlenem Pfeffer*	einreiben, in die Marinade geben, etwa 2 Stunden darin ziehen lassen die Koteletts herausnehmen, trockentupfen, auf dem Holzkohlengrill von jeder Seite in etwa 5 Minuten braun grillen je 1 Teel. der Minzebutter auf den Lammkoteletts anrichten.

Filetspieße (Mitte), Rezept S. 48

Kalbfleisch, mariniert *(Foto)*

1 kg Kalbfleisch (Nuß)	unter fließendem kalten Wasser abspülen
1 Bund Suppengrün	putzen, waschen, grob zerkleinern, mit
$1\frac{1}{2}$ l Wasser	zum Kochen bringen, das Kalbfleisch,
1 Teel. Pfefferkörner	hinzufügen, zum Kochen bringen, abschäumen, bei schwacher Hitze etwa 40 Minuten kochen lassen
	das Fleisch herausnehmen, abkühlen lassen
	die Brühe durch ein Sieb gießen, nach Belieben als Suppe verwenden
	für die Marinade
2 Knoblauchzehen	abziehen, durchpressen, mit
5 Eßl. Weinessig	
1 Teel. Dijon-Senf	
Salz, Pfeffer	
$\frac{1}{4}$ Teel. Zucker	verrühren
2 Frühlingszwiebeln	abziehen, das Grün entfernen, das weiße Lauch kleinschneiden
200 g Cornichons (aus dem Glas)	abtropfen lassen, kleinschneiden
1–2 Teel. Kapern	
	die drei Zutaten in die Marinade geben
8 Eßl. kaltgepreßtes Olivenöl	unterrühren
Basilikumblättchen	fein schneiden, hinzufügen
	das Kalbfleisch in dünne Scheiben schneiden, auf einer Platte anrichten, die Marinade darüber geben, etwas durchziehen lassen.
Beigabe:	Baguette sowie gut gekühlten Rosé-Wein.
Tip:	Knoblauch kann man einfrieren: Die Knolle in Zehen teilen, nicht schälen, in eine Gefrierdose legen und einfrieren. Hält sich gut bis zur nächsten Saison. Wenn Knoblauch zu lange mitgekocht wird, verliert er Würze und typischen Geschmack. Duft und Würzkraft bleiben am besten erhalten, wenn er erst kurz vor dem Servieren durch die Knoblauchpresse in das Essen gedrückt wird.

Kaninchen in Senfsahne

4 Kaninchenkeulen	enthäuten, unter fließendem kalten Wasser abspülen, trockentupfen, mit
etwas Weizenmehl	bestäuben
1 Eßl. Speiseöl	
1 Eßl. Butter	in einem Schmortopf zerlassen, die Kaninchenkeulen von allen Seiten darin anbraten
2 Möhren	putzen, schrappen, waschen, in Stifte schneiden
5 kleine Zwiebeln	
3 Knoblauchzehen	beide Zutaten abziehen, mit den Möhrenstiften zu dem Fleisch geben, zugedeckt bei schwacher Hitze etwa 15 Minuten schmoren lassen, mit
4 Eßl. Essig	ablöschen
125 ml (1/8 l) Instant-Hühnerbrühe	hinzugießen
2 Eßl. Dijon-Senf	
1 Eßl. Tomatenmark	in die Schmorflüssigkeit rühren das Fleisch zugedeckt etwa 1 1/2 Stunden schmoren lassen die Keulen herausnehmen, auf einer vorgewärmten Platte anrichten, warmstellen die Schmorflüssigkeit einkochen lassen
1 Becher (150 g)	
Crème fraîche	unterrühren, mit
Salz, Pfeffer	abschmecken die Senfsahne über die Kaninchenkeulen geben, sofort servieren.

Geschmorte Kalbshaxe *(Foto)*

4 Scheiben Kalbshaxe (je etwa 200 g)	unter fließendem kalten Wasser abspülen, trockentupfen
4 Zwiebeln	abziehen, fein würfeln
250 g Möhren	putzen, schrappen, waschen, in Scheiben schneiden
4 Eßl. Speiseöl	erhitzen, die Fleischscheiben darin von beiden Seiten goldbraun braten Zwiebelwürfel, Möhrenscheiben,

gelbe Schale von ½ Zitrone (unbehandelt)	hinzufügen, etwa 1 Minute mitbraten lassen, mit
Saft von 1 Zitrone	ablöschen, die Flüssigkeit verdampfen lassen
etwa 75 ml trockenen Wermut	
125 ml (⅛ l) Instant-Fleischbrühe	hinzufügen, das Fleisch schmoren lassen
3 frische Knoblauchknollen	in die einzelnen Zehen zerteilen, abziehen zu dem Fleisch geben, mit
Salz, Pfeffer	würzen, das Fleisch zugedeckt bei schwacher Hitze in etwa 1½ Stunden gar schmoren lassen, auf einer vorgewärmten Platte anrichten die Schmorflüssigkeit mit dem Gemüse und dem Knoblauch evtl. durch ein Sieb streichen, über das Fleisch geben, mit
gehackter glatter Petersilie	bestreuen.
Beilage:	Risotto.

Knoblauch-Hühnchen

1 Poularde (etwa 1 1/2 kg)	enthäuten, innen mit fließendem kalten Wasser abspülen, trockentupfen, die Poularde in mehrere kleine Stücke zerteilen, das Fleisch mit
Cayennepfeffer Salz 1 Eßl. Olivenöl	einreiben
4 Eßl. Olivenöl	in einem großen Schmortopf erhitzen, das Fleisch hineingeben
1 Knoblauchknolle	in die einzelnen Zehen teilen, die Zehen ungeschält zu dem Fleisch geben
1 Eßl. Kräuter der Provence	darüber streuen den Topf fest mit dem Deckel verschließen, evtl. Alufolie zwischen Topf und Deckel legen, den Topf auf dem Rost in den vorgeheizten Backofen schieben
Strom:	Etwa 200, *Gas:* Etwa 3
Bratzeit:	Etwa 1 1/2 Stunden.
Tip:	Zum Essen den garen Knoblauch aus den Zehen auf geröstetes Weißbrot streichen.

Hähnchen-Paella *(Foto)*

4 Hähnchen-Keulen	enthäuten, halbieren
2 Zwiebeln 2 Knoblauchzehen	beide Zutaten abziehen, würfeln
4 enthäutete Tomaten	in Stücke schneiden (Stengelansätze herausschneiden)
2 Paprikaschoten	halbieren, entstielen, entkernen, die weißen Scheidewände entfernen, die Schoten waschen, in Stücke schneiden
1 kleinen Blumenkohl	putzen, in Röschen teilen, waschen
4 Eßl. Speiseöl	in einer großen Pfanne erhitzen, die Fleischstücke darin braun braten, Zwiebel-, Knoblauchwürfel hinzufügen, kurz mitbraten lassen,

	Tomaten-, Paprikastücke, Blumenkohlröschen zufügen, mit
Salz, Pfeffer	würzen
200 g italienischen Rundkornreis	einstreuen, unter Rühren anbraten
2 Briefchen gemahlenen Safran	unterrühren
etwa 500 ml (1/2 l) Instant-Hühnerbrühe	hinzugießen, zum Kochen bringen, bei schwacher Hitze in etwa 30 Minuten gar schmoren lassen.

Salbei-Hähnchen *(Etwa 2 Portionen)*

1 küchenfertiges Hähnchen	unter fließendem kalten Wasser abspülen, trockentupfen
3 Knoblauchzehen	abziehen, würfeln
15 Salbeiblättchen	abspülen, trockentupfen, fein hacken
	das Hähnchen innen und außen mit
Salz	einreiben
Pfeffer	mit Knoblauch und Salbei vermengen, in das Hähnchen geben
	das Hähnchen in einen gewässerten Tontopf geben, mit
100 g Bacon (in Scheiben)	belegen
	den Tontopf schließen, auf dem Rost in den kalten Backofen schieben
Strom:	Etwa 200, *Gas:* Etwa 3
Backzeit:	Etwa 70 Minuten
	das gare Hähnchen in Viertel schneiden, den Bratensatz entfetten, dazureichen.
Beigabe:	Brot, Grüner Salat.

Schmorhähnchen mit Aprikosen

(Foto)

1 Poularde (etwa $1\,^1/_2$ kg)	enthäuten, innen mit fließendem kalten Wasser abspülen, trockentupfen, die Poularde in acht Stücke zerteilen
6 Eßl. Speiseöl	in einem großen Schmortopf erhitzen, die Fleischstücke portionsweise darin anbraten, herausnehmen, warm stellen
6 kleine Zwiebeln	abziehen, etwa die Hälfte würfeln, die restlichen Zwiebeln halbieren
3 Knoblauchzehen	abziehen, würfeln
4 enthäutete Fleischtomaten	vierteln (Stengelansätze herausschneiden)
100 g getrocknete, ungeschwefelte Aprikosen	in kleine Stücke schneiden

	Zwiebeln und Knoblauch in dem Bratfett andünsten, Tomatenviertel, Aprikosenstücke hinzufügen, im offenen Topf durchdünsten lassen
	das Fleisch darauf geben, mit
1 Teel. Salz	
Cayennepfeffer	bestreuen
	das Hähnchen zugedeckt bei schwacher Hitze in etwa 1 Stunde gar schmoren lassen.
Beigabe:	Reis oder Stangenweißbrot.

Rosmarin-Poularde

1 große küchenfertige Poularde	unter fließendem kalten Wasser abspülen, trockentupfen, in acht Portionsstücke teilen
4 Eßl. Speiseöl	in einer großen Pfanne erhitzen, die Poulardenteile darin von allen Seiten braun braten
125 ml (1/8 l) Weißwein	
250 ml (1/4 l) Instant-Fleischbrühe	hinzugießen, das Fleisch so lange schmoren lassen, bis die Flüssigkeit verdampft ist
4 Knoblauchzehen	abziehen, fein würfeln
1 Zweig Rosmarin	abspülen, trockentupfen, die Blättchen fein hacken, beide Zutaten,
etwa 850 g Tomaten (aus der Dose)	mit der Flüssigkeit hinzufügen, die Tomaten etwas zerdrücken, mit
1/2 Teel. Salz	würzen, das Fleisch in etwa 50 Minuten bei schwacher Hitze gar schmoren lassen.

Paprika-Hähnchen *(Foto)*

1 Hähnchen	enthäuten, innen mit fließendem kalten Wasser ausspülen, trockentupfen, das Hähnchen in acht Portionsstücke teilen, in
Weizenmehl	wenden
100 g durchwachsenen Speck	in feine Streifen schneiden
1 Zwiebel	
1 Knoblauchzehe	
	beide Zutaten abziehen, würfeln
	die Speckstreifen in einem Schmortopf langsam glasig braten lassen, herausnehmen
	Zwiebel- und Knoblauchwürfel in dem Speckfett weich dünsten lassen
2 Eßl. Paprika edelsüß	unterrühren, etwas erhitzen
	die Hähnchenstücke nebeneinander hineinlegen, bei schwacher Hitze zugedeckt etwa 30 Minuten schmoren lassen, ab und zu wenden

Leber (vom Hähnchen)	unter fließendem kalten Wasser abspülen, trockentupfen, zu dem Fleisch geben, etwa 10 Minuten weiterschmoren lassen
2 große enthäutete Fleischtomaten	kleinschneiden (Stengelansätze entfernen) die Tomatenstücke zu dem Fleisch geben, mit
Salz, Pfeffer	würzen, das Fleisch im offenen Topf noch etwa 10 Minuten weiterschmoren lassen
250 g saure Sahne	verrühren, über das gare Fleisch geben.

Reis-Hähnchen

1 Hähnchen (etwa $1^1/_4$ kg)	enthäuten, innen mit fließendem kalten Wasser ausspülen, trockentupfen, das Hähnchen in mehrere kleine Stücke zerteilen das Fleisch mit
etwa 1 Teel. Cayennepfeffer	einreiben
1 Eßl. Butter	in einem Schmortopf zerlassen, das Fleisch hineingeben
1 große Knoblauchknolle	in die einzelnen Zehen teilen, die Zehen abziehen, zu dem Fleisch geben das Fleisch zugedeckt bei mittlerer Hitze etwa 30 Minuten schmoren lassen die Knoblauchzehen herausnehmen, durch ein Sieb streichen, aufbewahren die Schmorflüssigkeit abgießen, auffangen das Fleisch im offenen Topf bräunen lassen, warm stellen
1 große Zwiebel	abziehen, würfeln
1 Eßl. Butter	zerlassen, die Zwiebelwürfel darin glasig dünsten lassen
200 g italienischen Rundkornreis	hinzufügen, unter Rühren anbraten
15 g Salbeiblättchen	abspülen, trockentupfen, fein hacken, hinzufügen die Schmorflüssigkeit von dem Fleisch zu dem Reis geben, aufkochen lassen
125 ml ($^1/_8$ l) halbtrockenen Weißwein *250 ml ($^1/_4$ l) Instant-Hühnerbrühe*	hinzugießen, zum Kochen bringen, das Knoblauchpüree hinzufügen, den Reis im offenen Topf in etwa 20 Minuten garen lassen, bis die Flüssigkeit verdampft ist den Reis auf einer vorgewärmten Platte anrichten, das Fleisch darauf geben.
Beigabe:	Frisch geriebener Parmesan-Käse.

Mandel-Hähnchen *(Foto)*

4 kleine Hähnchen-keulen	enthäuten, die Keulen halbieren
2 Knoblauchzehen	abziehen, durchpressen, das Fleisch damit einreiben
150 g abgezogene, feingemahlene Mandeln	mit
1/2 Teel. Salz	
1 Teel. Paprika	
etwas Cayenne-pfeffer	mischen
3 Eßl. Butter	zerlassen, das Hähnchenfleisch damit bestreichen, in der Mandelmischung wenden das Fleisch auf dem Rost in den vorgeheizten Backofen schieben, die Fettfangschale darunter setzen
Strom:	Etwa 200, *Gas:* Etwa 3
Backzeit:	Etwa 40 Minuten.

Raffiniert zubereitet, pikant gewürzt: Gemüse

Gefüllte Schmorgurken *(Foto S. 66/67)*

	Für die Füllung
400 g Hackfleisch (halb Rind-, halb Schweinefleisch)	in
125 ml (1/8 l) Wasser	geben, zum Kochen bringen, so lange kochen lassen, bis die Flüssigkeit verdampft ist, dabei die Fleischklümpchen mit einer Gabel zerdrücken
2 Möhren	putzen, schrappen, waschen, raspeln
1 dünne Stange Porree	putzen, gründlich waschen, sehr fein schneiden
1 Eßl. Butter	zerlassen, das Gemüse darin weichdünsten
2 Knoblauchzehen	abziehen, zerdrücken
	Hackfleisch, Gemüse, Knoblauch mit
1 Becher (200 g) Schmand	
2 Bund feingehacktem Dill	verrühren, mit
Salz, Pfeffer	abschmecken
4 Schmorgurken	schälen, längs halbieren, entkernen
	die Gurkenhälften nebeneinander in eine gefettete feuerfeste Form legen, die Füllung in die Gurken geben
1 Eßl. Semmelmehl	mit
2 Eßl. frisch geriebenem Parmesan-Käse	vermengen, über die Füllung streuen
1 große, abgezogene Fleischtomate	in Würfel schneiden (Stengelansatz herausschneiden)
	die Tomatenwürfel um die Gurken legen
125 ml (1/8 l) Instant-Fleischbrühe	hinzugießen
	die Form auf dem Rost in den vorgeheizten Backofen schieben
Strom:	Etwa 200, *Gas:* Etwa 3
Backzeit:	Etwa 45 Minuten.
Beilage:	Reis oder frisch gebackenes Knoblauch-Baguette.

Gefüllte Zwiebeln

4 große Gemüse-zwiebeln	ungeschält in
kochendes Wasser	geben, zum Kochen bringen, etwa 30 Minuten kochen lassen, in den letzten 5 Minuten
5–10 große Knob-lauchzehen	hinzufügen, mitkochen lassen Zwiebeln, Knoblauch herausnehmen, abziehen die Zwiebeln aushöhlen, das innere Zwiebel-fleisch und die Knoblauchzehen pürieren, mit
1 Bund gehackter glatter Petersilie	
1 Bund gehackter Pfefferminze	vermengen, mit
Salz	
Pfeffer	würzen, in die ausgehöhlten Zwiebeln füllen, die Zwiebeln in eine gefettete feuerfeste Form setzen
Butter	in Flöckchen darauf geben
Semmelmehl	
geriebenen Parme-san-Käse	darüber streuen
Strom:	Etwa 200
Gas:	Etwa 4
Backzeit:	Etwa 30 Minuten.

Kohl mit Knoblauch

	Von
1 Kopf Wirsing	die äußeren Blätter entfernen, den Wirsing achteln, den Strunk herausschneiden, den Kohl waschen, in feine Streifen schneiden
4 Knoblauchzehen	abziehen, halbieren
4 Eßl. Speiseöl	erhitzen, die Knoblauchhälften kurz darin anbraten, die Kohlstreifen hinzugeben, die beiden Zutaten miteinander vermengen
5 Eßl. Instant-Fleischbrühe	hinzugießen, den Kohl mit
Salz, Pfeffer	abschmecken, zugedeckt etwa 25 Minuten dünsten lassen.

Überbackene Steinpilze

1 kg Steinpilze	putzen, abspülen, trockentupfen, die Stiele herausdrehen, fein hacken, die Hüte mit
Zitronensaft	beträufeln, mit der Unterseite nach oben in eine mit
Olivenöl	gefettete feuerfeste Form legen
2 Knoblauchzehen	abziehen, würfeln, mit den gehackten Pilzstielen,
3 Eßl. Pinienkernen	vermengen, auf die Pilzhüte verteilen, mit
Salz	
frisch gemahlenem	
Pfeffer	bestreuen, mit
3 Eßl. Olivenöl	beträufeln
	die Form auf dem Rost unter den vorgeheizten Grill schieben, die Pilze etwa 2 Minuten grillen, in der Form servieren.

Gefüllte Champignons *(Foto)*

1 kg große	
Champignons	putzen, abspülen, trockentupfen, die Stiele herausdrehen, fein hacken
1–2 Eßl. Butter	in einer großen Pfanne zerlassen, die gehackten Stiele unter Rühren bei starker Hitze solange braten, bis die Flüssigkeit verdampft ist
1 Bund Petersilie	abspülen, trockentupfen, fein hacken
3 Knoblauchzehen	abziehen, würfeln
	beide Zutaten mit
4 Eßl. Semmelmehl	
1/2 Teel. Salz	
frisch gemahlenem	
Pfeffer	vermengen, unter die Pilzmasse rühren, die Champignonköpfe damit füllen, nebeneinander in eine gefettete feuerfeste Form setzen
5 Eßl. Olivenöl	darüber träufeln
	die Form auf dem Rost in den vorgeheizten Backofen schieben
Strom:	Etwa 200
Gas:	Etwa 4
Backzeit:	Etwa 10 Minuten.

Kartoffeln aus dem Ofen

1 Eßl. Speiseöl	
1 Eßl. Butter	in einem gußeisernen Schmortopf erhitzen,
2 Zwiebeln	abziehen, würfeln, in dem Fett glasig dünsten lassen
1 kg Kartoffeln	waschen, bürsten
2 große enthäutete Tomaten	grob zerkleinern (Stengelansätze herausschneiden)
	die Kartoffeln nebeneinander auf die Zwiebeln setzen, die Tomaten darüber geben
1–2 Lorbeerblätter	hinzufügen, mit
Salz, Pfeffer	
gerebeltem Thymian	würzen
250 ml (1/4 l) Instant-Hühnerbrühe	hinzugießen
1 Knoblauchzehe	abziehen, darüber pressen
	den Schmortopf zugedeckt auf dem Rost in den vorgeheizten Backofen schieben
Strom:	Etwa 175, *Gas:* 2–3
Backzeit:	Etwa 50 Minuten.
Tip:	Vor dem Servieren mit Schafskäse bestreuen.

Knoblauch-Tomaten *(Foto)*

100 g Bacon (in Scheiben)	in eine flache feuerfeste Form legen
5 Fleischtomaten	waschen, die Stengelansätze herausschneiden, die Tomaten nebeneinander in die Form setzen
6–8 frische Knoblauchzehen	abziehen, würfeln
1 Bund Basilikum	
1 Bund Petersilie	
4 Salbeiblättchen	
	die Kräuter abspülen, trockentupfen, hacken, mit dem Knoblauch auf den Tomaten verteilen
200 g Schafskäse	darüberbröseln, die Form auf dem Rost in den Backofen schieben
Strom:	Etwa 175, *Gas:* 2–3
Backzeit:	Etwa 35 Minuten.

Tomaten-Zwiebel-Gratin

1 kg abgezogene Tomaten	kleinschneiden (die Stengelansätze herausschneiden)
1 Gemüsezwiebel	
2 Knoblauchzehen	beide Zutaten abziehen, würfeln
250 g Weizenbrot	kleinschneiden
10 Salbeiblätter	abspülen, kleinschneiden
	die Zutaten vermengen, mit
Salz, Pfeffer	würzen, in eine gefettete flache Auflaufform füllen
1 Becher (200 g) Schmand	darüber gießen, mit
2 Eßl. Parmesan-Käse	bestreuen, die Form auf dem Rost in den Backofen schieben
Strom:	Etwa 175, *Gas:* 2–3
Backzeit:	Etwa 45 Minuten.

Letscho *(Foto)*

Je 2 rote, grüne und gelbe Paprikaschoten	halbieren, entstielen, entkernen, die weißen Scheidewände entfernen, die Schoten waschen, in Streifen schneiden
2 enthäutete Fleischtomaten	kleinschneiden (Stengelansätze herausschneiden)
2 große Zwiebeln	abziehen, würfeln
3 Knoblauchzehen	abziehen, in Scheiben schneiden
5 Eßl. Speiseöl	in einer großen Pfanne erhitzen, das Gemüse hineingeben
4 Knoblauchwürste (z.B. Debreziner)	in Scheiben schneiden, dazugeben, das Letscho zugedeckt etwa 35 Minuten schmoren lassen.
Beigabe:	Kräftiges, dunkles Weizenbrot.
Tip:	Gut schmeckt auch mit Crème fraîche verrührte saure Sahne dazu.

Gebackene Auberginen

(Foto)

4 schlanke, mittelgroße Auberginen	waschen, der Länge nach in fingerbreite Scheiben schneiden, jedoch so, daß sie unten und am Stengelansatz noch zusammenhängen, die Einschnitte mit
Salz	bestreuen, die Auberginen in ein Sieb legen, nach etwa 30 Minuten unter fließendem kalten Wasser abspülen, mit Küchenpapier trockentupfen, in eine gefettete ovale Auflaufform setzen
8 abgezogene Tomaten	in Scheiben schneiden (Stengelansätze herausschneiden)
6 Knoblauchzehen	abziehen, in Scheiben schneiden
200 g Mozzarella-Käse	in dünne Scheiben schneiden, abwechselnd mit den Tomatenscheiben,
50 g Salami (als Aufschnitt)	in die Einschnitte der Auberginen stecken, die Knoblauchscheiben dazwischen verteilen
6 Eßl. Olivenöl	darüber träufeln die Form auf dem Rost in den Backofen schieben, mit Pergamentpapier bedecken
Strom:	Etwa 200
Gas:	Etwa 3
Backzeit:	Etwa 50 Minuten vor dem Servieren
gehackte glatte Petersilie	darüber streuen.
Tip:	Knoblauch schmeckt am intensivsten und angenehmsten wenn er frisch geerntet ist. Mit frischen Zehen kann ruhig großzügig gewürzt werden. Frischer Knoblauch soll luftig, kühl und trocken aufbewahrt werden. Keinesfalls sollte Knoblauch feuchten Küchendünsten oder direkter Sonneneinstrahlung ausgesetzt werden. Dann verdirbt er schnell.

Zucchini-Gratin

1 kg kleine Zucchini	waschen, die Stengelansätze abschneiden, die Zucchini grob raspeln, auf ein Küchentuch geben, das Tuch aufrollen, die Zucchiniflüssigkeit auspressen
2 Knoblauchzehen	abziehen, zerdrücken, mit
3 Eßl. Olivenöl	vermengen, unter die Zucchiniraspeln rühren
3 Eier	mit
100 g geriebenem Emmentaler Käse	
1 Becher (150 g) Crème fraîche	verschlagen, mit
1 1/2 Teel. Salz	
frisch gemahlenem Pfeffer	würzen
1 Eßl. Rosmarinblättchen	
1 Eßl. Bohnenkrautblättchen	
	die Kräuter fein hacken, unterrühren
	die Eiermasse mit den Zucchiniraspeln vermengen, in eine gefettete Pie-Form füllen, mit
geschälten Sonnenblumenkernen	bestreuen
	die Form auf dem Rost in den vorgeheizten Backofen schieben
Strom:	Etwa 200
Gas:	Etwa 3
Backzeit:	Etwa 30 Minuten.
Beigabe:	Knuspriges Fladenbrot.

Gebratene Auberginen *(Foto)*

500 g Auberginen	waschen, die Stengelansätze abschneiden, die Auberginen in fingerdicke Scheiben schneiden, mit
Salz	bestreuen, etwa 10 Minuten stehen lassen, dann gründlich abspülen, mit Haushaltspapier abtrocknen
Olivenöl	in einer Pfanne erhitzen, die Scheiben darin

	nach und nach auf beiden Seiten braun braten, sofort zum Abtropfen auf Haushaltspapier legen
etwa 5 frische Knoblauchzehen	abziehen, in Scheiben schneiden, abwechselnd mit den Auberginenscheiben,
frischen Basilikumblättchen	dachziegelartig auf einem großen Teller anrichten kalt oder warm servieren.

Kohl-Quiche
(Foto)

	Von
1 kleinen Kopf Weißkohl (etwa 500 g)	die äußeren Blätter entfernen, den Kohl vierteln, den Strunk herausschneiden, den Kohl waschen, fein hobeln, in
kochendes Salzwasser	geben, zum Kochen bringen, etwa 5 Minuten kochen, abtropfen lassen
500 g Spinat	verlesen, gründlich waschen, tropfnaß in einen Topf geben, erhitzen, bis die Blätter zusammenfallen, abtropfen lassen
2–3 Knoblauchzehen	abziehen, durchpressen
1 Bund glatte Petersilie	
6 Salbeiblätter	
	die Kräuter abspülen, trockentupfen, fein hacken
150 g Emmentaler Käse	reiben
100 g Schafskäse	fein zerbröseln
4 Eier	mit
1 Teel. Salz	
frisch gemahlenem Pfeffer	verschlagen
	alle Zutaten miteinander vermengen, in eine flache gefettete Quiche-Form füllen, mit gefettetem Pergamentpapier abdecken
Strom:	Etwa 200
Gas:	Etwa 3
Backzeit:	Etwa 30 Minuten
	etwa 10 Minuten vor Beendigung der Backzeit das Pergamentpapier entfernen.
Tip:	Knoblauch darf nie in zu heißem Speiseöl gebraten werden. Er verbrennt dann und bekommt einen bitteren, beißenden Geschmack. Also immer darauf achten, daß das Fett nur etwa mittlere Hitze hat.

Staudensellerie-Gratin

3 Knoblauchzehen	
2 Zwiebeln	beide Zutaten abziehen, fein würfeln
1 Eßl. Butter	zerlassen, Zwiebel- und Knoblauchwürfel darin weich dünsten lassen
125 ml (1/8 l) Weißwein	hinzugießen, etwas einkochen lassen
2 Fleischtomaten	waschen, kleinschneiden, hinzugeben, mit
Salz, Pfeffer	würzen
1 Stengel Staudensellerie	putzen, harte Fäden an der Außenseite des Stengels abziehen, den Stengel waschen, kleinschneiden, in eine gefettete feuerfeste Form schichten, die Tomatensauce darübergießen
2 Eßl. geriebenen Parmesan-Käse	darüberstreuen, die Form auf dem Rost in den Backofen schieben
Strom:	Etwa 200, *Gas:* Etwa 3
Backzeit:	Etwa 20 Minuten.

Grüne Bohnen in Knoblauchsauce

	Von
1 kg Grünen Bohnen	die Enden abschneiden, die Bohnen waschen, in
Salzwasser	geben, in etwa 15 Minuten gar kochen, abgießen, erkalten lassen
2 große enthäutete Fleischtomaten	grob zerkleinern (Stengelansätze entfernen)
1 große Zwiebel	abziehen, in Scheiben schneiden, in Ringe teilen
	für die Knoblauchsauce
1 Knoblauchzehe	abziehen, zerdrücken, mit
3 Eßl. Rotweinessig	
6 Eßl. Olivenöl	
1/2 Teel. Senf	verrühren, mit
Salz, Zucker	würzen, mit den Bohnen vermengen
	Bohnen, Tomatenstücke, Zwiebelringe,
10 schwarze Oliven	auf einer Platte anrichten, mit
Parmesan-Käse	bestreut servieren.

Marinierte Paprikaschoten *(Foto)*

2 rote und 1 gelbe Paprikaschote	waschen, abtrocknen, nebeneinander in einen breiten, gut schließenden Kochtopf legen, unter Wenden bei schwacher Hitze solange rösten, bis die Haut braun ist und sich gut abziehen läßt (dauert etwa 20 Minuten) die Schoten abziehen, halbieren, entstielen, entkernen, die weißen Scheidewände entfernen, die Schoten in Streifen schneiden, nebeneinander in eine flache Schüssel legen
	für die Marinade
2 Knoblauchzehen	abziehen, in Scheiben schneiden, mit dem
Saft von 1/2 Zitrone	
5 Eßl. Olivenöl	verrühren, mit
Salz	würzen, über die Paprikaschoten geben
grob gehackte glatte Petersilie	darüber streuen.

Okra-Gemüse

	Die Spitzen und Stielansätze von
500 g Okra	ganz knapp abschneiden, die Okra in
kochendes Wasser	geben, zum Kochen bringen, etwa 5 Minuten dünsten, abgießen, abtropfen lassen
2 Fleischtomaten	kurze Zeit in kochendes Wasser geben (nicht kochen lassen), mit kaltem Wasser abschrecken, enthäuten, die Stengelansätze herausschneiden, die Tomaten in Stücke schneiden
2 Knoblauchzehen	abziehen, zerdrücken
1 große Zwiebel	abziehen, würfeln
2 Eßl. Olivenöl	erhitzen, die Zwiebelwürfel darin weichdünsten, dann Okra, Tomaten, Knoblauch hinzufügen, zugedeckt etwa 8 Minuten dünsten lassen, mit
Saft von 1/2 Zitrone	
Salz, Pfeffer	
1 Prise Zucker	abschmecken.
Tip:	Okragemüse schmeckt am besten kalt und ist auch gut als Vorspeise geeignet.

Gedämpfter Mangold

500 g Mangold	verlesen, waschen, die Blätter in grobe Streifen, die Stiele in Stücke schneiden
1 Stengel Liebstöckel	
1–2 Stengel Majoran	
2–4 Stengel Bohnenkraut	
	die Kräuter abspülen, trockentupfen, fein hacken
3 Knoblauchzehen	abziehen, würfeln
4 Eßl. Speiseöl	in einem Kochtopf erhitzen, den Mangold, die gehackten Kräuter, die Knoblauchwürfel hinzufügen, zugedeckt bei schwacher Hitze in etwa 30 Minuten gar dünsten lassen, mit
Salz, Pfeffer	würzen
1 Becher (200 g) Schmand	verrühren, kurz vor dem Servieren über das Gemüse geben.

Zucchini mit Oregano

(Foto)

1 kg kleine Zucchini	waschen, Stengelansätze abschneiden, die Zucchini ungeschält in Scheiben schneiden
2 Eßl. Speiseöl *1 Eßl. Butter*	in einer Pfanne erhitzen, die Zucchinischeiben hinzufügen, etwa 10 Minuten darin dünsten lassen
2–3 Knoblauchzehen	abziehen, darüberpressen, die Zucchini mit
Salz *frisch gemahlenem Pfeffer*	würzen, etwa 5 Minuten weiterdünsten lassen
1 Teel. gewaschene, feingehackte Oreganoblättchen	darüber streuen, mit
gewaschenen Zitronenachteln (unbehandelt)	anrichten.

Gefülltes Gemüse *(Foto)*

	Von
4 Paprikaschoten	am Stielende einen flachen Deckel abschneiden, die Schoten entkernen, die weißen Scheidewände entfernen, die Schoten waschen, abtropfen lassen
4 kleine Auberginen	waschen, längs einen flachen Deckel abschneiden, das Innere soweit wie möglich mit Hilfe eines Messers und Löffels aushöhlen, das Auberginenfleisch für die Füllung aufbewahren
	für die Füllung
60 g Langkornreis	in
Salzwasser	zum Kochen bringen, etwa 5 Minuten kochen, abgießen, abtropfen lassen
3 Knoblauchzehen	abziehen, zerdrücken
je 1 Bund Petersilie und Zitronenmelisse	abspülen, fein hacken
1 Eßl. Butter	
1 Eßl. Speiseöl	in einer Pfanne erhitzen, das kleingehackte Auberginenfleisch, den zerdrückten Knoblauch darin andünsten, den Reis, die Kräuter,
250 g mageres Lammhack	
250 g Schweinemett	hinzufügen, das Hackfleisch mit einer Gabel zerdrücken, mit den restlichen Zutaten vermengen, mit
Salz, Pfeffer	
Saft von 1/2 Zitrone	würzen
	die Paprikaschoten und die Auberginen nebeneinander in eine gefettete feuerfeste Form setzen, die Füllung hineingeben, die restliche Füllung darum verteilen
	für den Sud
6 Eßl. Olivenöl	mit
2 Eßl. Tomatenmark	
125 ml (1/8 l) Instant-Fleischbrühe	verrühren, neben das Gemüse in die Form gießen

das Gemüse mit gefettetem Pergamentpapier bedecken
die Form auf dem Rost in den vorgeheizten Backofen schieben

Strom: Etwa 200
Gas: Etwa 3
Backzeit: Etwa 45 Minuten
nach etwa 30 Minuten Garzeit das Pergamentpapier entfernen.
Beigabe: Fladenbrot.

Tunesischer Gemüse-Eintopf

4 Kartoffeln	schälen, waschen, in Würfel schneiden
3 Möhren	putzen, schrappen, waschen, in Scheiben schneiden
2 Auberginen	
2 Zucchini	
	beide Zutaten waschen, die Stengelansätze abschneiden, das Gemüse in Würfel schneiden
1 Zwiebel	abziehen, würfeln
1 Knoblauchknolle	in Zehen zerteilen, die Zehen abziehen
1 l Gemüsebrühe	zum Kochen bringen, das Gemüse hineingeben, zum Kochen bringen, bei schwacher Hitze in etwa 20 Minuten gar kochen lassen
1 Chilischote	halbieren, entkernen, waschen
1 Bund Petersilie	abspülen, trockentupfen
1 Zwiebel	abziehen
	die drei Zutaten fein hacken
5 Eßl. Olivenöl	in einer Pfanne erhitzen, Chili, Petersilie, Zwiebel darin dünsten, mit
1 Teel. Kreuzkümmel	würzen, unter das gare Gemüse rühren.

Knoblauch-Kartoffeln *(Foto)*

8 große Kartoffeln	unter fließendem kalten Wasser gründlich bürsten, in soviel Wasser geben, daß die Kartoffeln bedeckt sind, zum Kochen bringen
1 Eßl. Kümmel	hinzufügen, die Kartoffeln gar kochen lassen, abgießen, abdämpfen
	für die Knoblauchbutter
125 g weiche Butter	mit
5 Eßl. Parmesan-Käse	
1 Eßl. Crème fraîche	
3 abgezogenen, zerdrückten Knoblauchzehen	
2 Eßl. gehackter Petersilie	verrühren, mit

Pfeffer	würzen
	die Kartoffeln längs halbieren, nebeneinander in eine gefettete flache Gratin-Form setzen, die Schnittflächen mit der Knoblauchbutter bestreichen
	die Form auf dem Rost in den vorgeheizten Backofen oder unter den Grill schieben
Strom:	Etwa 250, *Gas:* Etwa 6
Back-/Grillzeit:	10–15 Minuten.
Beigabe:	Grüner Blattsalat mit Dillsahne.

Kartoffelmus mit Knoblauchcreme

1 kg Pellkartoffeln	pellen, noch warm durch die Presse drücken oder mit einem Kartoffelstampfer zerdrücken
250 ml (1/4 l) Milch *250 ml (1/4 l) Schlagsahne*	darunter rühren, mit
Salz *frisch gemahlenem Pfeffer* *etwas geriebener Muskatnuß*	würzen
	für die Knoblauchcreme
10 große Knoblauchzehen	abziehen, grob hacken
2 Eßl. Butter	zerlassen, den Knoblauch darin weichdünsten
2 Eßl. Schlagsahne	hinzufügen, noch etwa 10 Minuten weiterdünsten, bis der Knoblauch cremig ist, mit
Salz, Pfeffer	abschmecken.
Tip:	Kartoffelmus mit Knoblauchcreme zu saftig gegrillten Steaks oder gegrillten Würstchen reichen.

Kartoffeln mit Knoblauch und viel Petersilie

1 kg Pellkartoffeln	pellen, vierteln
2 Bund glatte Petersilie	abspülen, trockentupfen, fein hacken
2 große Knoblauchzehen	abziehen, fein würfeln
8 Eßl. Olivenöl	erhitzen, Petersilie, Knoblauch hinzufügen, einige Minuten erhitzen die Kartoffeln hinzufügen, vorsichtig durchschwenken vor dem Servieren
100 g Schafskäse	darüber reiben.
Tip:	Statt der Kartoffeln können auch sehr gut Nudeln genommen werden.

Rezeptverzeichnis nach Kapiteln

Seite

Rezeptverzeichnis, alphabetisch

Seite